学校 - de School — 2
旅行 - de Törn — 5
交通运输 - de Transport — 8
城市 - de Stadt — 10
地形 - de Landschop — 14
餐馆 - dat Spieslokal — 17
超市 - de Supermarkt — 20
饮料 - de Drünk — 22
食物 - dat Eten — 23
农场 - de Buernhoff — 27
房子 - dat Huus — 31
客厅 - de Wahnstuuv — 33
厨房 - de Köök — 35
浴室 - de Baadstuuv — 38
儿童房 - de Kinnerstuuv — 42
衣服 - dat Tüüch — 44
办公室 - dat Büro — 49
经济 - de Weertschop — 51
职业 - de Profeschonen — 53
工具 - dat Warktüüch — 56
乐器 - de Musikinstrumenten — 57
动物园 - de Deertenpark — 59
体育 - de Sport — 62
活动 - de Aktivitäten — 63
家 - de Familje — 67
身体 - de Lief — 68
医院 - dat Krankenhuus — 72
紧急情况 - de Nootfall — 76
地球 - de Eerd — 77
钟表 - de Klock — 79
周 - de Week — 80
年 - dat Johr — 81
形状 - de Formen — 83
颜色 - de Farven — 84
反义词 - de Gegendelen — 85
数字 - de Tallen — 88
语言 - de Spraken — 90
谁/什么/怎样 - wokeen / wat / wo — 91
方位 - wo — 92

Impressum
Verlag: BABADADA GmbH, Nedderfeld 112 , 22529 Hamburg
Geschäftsführer / Verlagsleitung: Harald Hof
Druck: Books on Demand GmbH, In de Tarpen 42, 22848 Norderstedt

Imprint
Publisher: BABADADA GmbH, Nedderfeld 112 , 22529 Hamburg, Germany
Managing Director / Publishing direction: Harald Hof
Print: Books on Demand GmbH, In de Tarpen 42, 22848 Norderstedt, Germany

教室
de Klassenstuuv

除
delen

186/2

黑板
de Tafel

校园
de Schoolhoff

老师
de Schoolmeester

纸
dat Papeer

书写
schrieven

钢笔
de Sticken

办公桌
de Schrievdisch

直尺
dat Lienholt

书
dat Book

学生
de Schöler

书包

de Ranzel

铅笔盒

de Feddermapp

铅笔

de Bleesticken

卷笔刀

de Scharpmaker

橡皮擦

dat Radeergummi

画板

de Tekenblock

图画
de Teken

画笔
de Pinsel

颜料盒
de Malkassen

剪刀
de Scheer

胶水
de Klever

练习册
dat Heft to'n Öven

家庭作业
de Huusopgaav

12

数字
de Tall

2+2

加
tohooptellen

5-2

减
aftrecken

2×2

乘
malnehmen

计算
reken

A

字母
de Bookstaav

ABCDEFG
HIJKLMN
OPQRSTU
VWXYZ

字母表
dat ABC

hello

字
dat Woort

课文

de Text

读

lesen

粉笔

de Kried

上课

de Stunn

登记

dat Klassenbook

考试

de Pröven

证书

dat Tüügnis

校服

de Schooluniform

教育

de Utbillen

百科全书

dat Nakieksel

大学

de Universität

显微镜

dat Mikroskop

地图

de Koort

废纸篓

de Papeerkorf

青年旅社
de Harbarg

酒店
dat Hotel

Grand

外币兑换处
de Wesselstuuv

手提箱
de Kuffer

汽车
dat Auto

语言
de Spraak

是/否
jo / ne

好的
Jo

您好
Moin

翻译员
de Översetter

谢谢
Dank ok

……多少钱？

Wat kost…?

我不明白

Ik verstah nich

问题

dat Problem

晚上好！

Goden Avend

早上好！

Moin!

晚安！

Gode Nacht!

再见

Tschüüs

方向

de Richt

行李

de Bagaasch

包

de Tasch

双肩包

de Rüchsack

客人

de Gast

房间

de Stuuv

睡袋

de Slaapsack

帐篷

dat Telt

旅游信息

de Touristeninformatschoon

海滩

de Strand

信用卡

de Kreditkoort

早餐

dat Fröhstück

午餐

dat Meddageten

晚餐

dat Avendeten

票

de Fohrkort

电梯

de Fohrstohl

邮票

de Breefmark

边界

de Grenz

海关

de Toll

大使馆

de Bottschop

签证

dat Visum

护照

de Pass

飞机
de Fleger

船
dat Schipp

消防车
dat Füerwehrauto

卡车
de Lastwagen

公交车
de Autobus

汽艇
dat Motoorboot

汽车
dat Auto

自行车
dat Fohrrad

摆渡船
de Fähr

小船
dat Boot

摩托车
dat Motoorrad

警车
dat Polizeiauto

赛车
dat Rönnauto

租车
de Lehnwagen

拼车

dat Carsharing

拖车

de Afsleepwagen

垃圾车

dat Müllauto

发动机

de Motoor

汽油

de Kraftstoff

加油站

de Tanksteed

交通标志

dat Verkehrsschild

交通

de Verkehr

交通堵塞

de Stau

停车场

de Afstellplatz

火车站

de Bahnhoff

轨道

de Sporen

火车

de Tog

电车

de Stratenbahn

货车

de Wagon

交通运输 - de Transport

直升机

de Dwarsmöhl

机场

de Flooghaven

塔

de Tower

乘客

de Fohrgast

集装箱

de Grootkist

纸板箱

de Karton

手推车

de Koor

篮子

de Korf

起飞/降落

starten / lannen

城市

de Stadt

村庄

dat Dörp

市中心

de Binnenstadt

房子

dat Huus

电影院
dat Kino

广告
de Warf

路灯
de Stratenlatücht

街道
de Straat

出租车
dat Taxi

小吃店
de Kiosk

行人
de Footgänger

人行道
de Börgerstieg

十字路口
de Krüzen

斑马线
de Zebrastriepen

垃圾箱
de Mülltunn

红绿灯
de Wessellücht

小屋
de Hütt

公寓
de Wahnung

火车站
de Bahnhoff

市政厅
dat Raathuus

博物馆
dat Museum

学校
de School

大学

de Universität

银行

de Bank

医院

dat Krankenhuus

酒店

dat Hotel

药房

de Afteek

办公室

dat Büro

书店

de Bookhökerie

商店

de Hökerie

花店

de Blomenhökerie

超市

de Supermarkt

市场

de Markt

百货商店

dat Koophuus

鱼店

de Fischhökerie

购物中心

dat Inkoopszentrum

海港

de Haven

公园

de Parkanlaag

长凳

de Bank

桥

de Brüch

楼梯

de Trepp

地铁

de Ünnergrundbahn

隧道

de Tunnel

公交车站

de Busstoppsteed

酒吧

de Bar

餐馆

dat Spieslokal

邮筒

de Breefkassen

路标

dat Stratenschild

停车计时器

de Parkklock

动物园

de Deertenpark

游泳馆

de Baadanstalt

清真寺

de Moschee

农场
de Buernhoff

污染
de Ümweltversmudden

墓地
de Karkhoff

教堂
de Kark

操场
de Speelplatz

寺庙
de Tempel

地形
de Landschop

树叶
dat Blatt

指示牌
de Wiespahl

路
de Weg

草地
de Wisch

石头
de Steen

树
de Boom

徒步旅行者
de Wannerer

河
de Fluss

草
dat Gras

花
de Bloom

峡谷

dat Daal

山

de Barg

湖

de See

森林

dat Holt

沙漠

de Wööst

火山

de Füerspien Barg

城堡

dat Slott

彩虹

de Regenbagen

蘑菇

de Poggenstohl

棕榈树

de Palm

蚊子

de Steekmück

苍蝇

de Fleeg

蚂蚁

de Miegeemk

蜜蜂

de Imm

蜘蛛

de Spinn

甲虫

de Sebber

青蛙

de Pogg

松鼠

de Katteker

刺猬

de Swienegel

野兔

de Haas

猫头鹰

de Uul

鸟

de Vagel

天鹅

de Swaan

野猪

dat Wildswien

鹿

de Hirsch

麋鹿

de Elk

水坝

de Staudamm

风力发电机

dat Windrad

太阳能电池板

dat Solarmodul

气候

dat Klima

地形 - de Landschop

服务员
de Kellner

菜单
de Spieskoort

椅子
de Stohl

汤
de Supp

披萨饼
de Pizza

餐具
dat Bestick

桌布
de Dischdeek

前菜
de Vörspies

主菜
dat Haupteten

甜点
de Nadisch

饮料
de Drünk

食物
dat Eten

瓶子
de Buddel

快餐

dat Fastfood

街边小吃

dat Strateneten

茶壶

de Teekann

糖盒

de Zuckerdoos

一份饭菜

de Portschoon

意式咖啡机

de Espressomaschien

高脚椅

de Hoochstohl

账单

de Reken

托盘

dat Tablett

刀

dat Mess

餐叉

de Gavel

勺子

de Lepel

茶匙

de Teelepel

餐巾

dat Munddook

玻璃杯

dat Glas

碟子
de Töller

汤盘
de Suppentöller

碟子
de Ünnertass

酱
de Sooß

盐瓶
de Soltstreuer

胡椒磨
de Pepermöhl

醋
de Etig

食用油
dat Ööl

调味料
de Krüder

番茄酱
de Ketchup

芥末
de Mostrich

蛋黄酱
de Mayonnaise

超市
de Supermarkt

特价
dat Anbott

顾客
de Kunn

乳制品
de Melkprodukten

水果
dat Aaft

购物车
de Inkoopswagen

肉铺
de Slachterie

面包房
de Bäckerie

称重
wegen

蔬菜
de Gröönsaken

肉
dat Fleesch

冷冻食品
de Deepköhlkost

冷盘

de Opsnitt

罐头食品

de Konserven

洗衣粉

de Waschmiddel

甜食

de Snoopkraam

日用品

de Huushooltssaken

清洁用品

de Reinmaaktüüch

销售员

de Verköpersche

收银机

de Kass

收银员

de Kasserer

购物清单

de Inkoopslist

开放时间

de Opsparrtieden

钱包

de Breeftasch

信用卡

de Kreditkoort

袋子

de Tasch

塑料袋

de Plastiktüüt

超市 – de Supermarkt

水

dat Water

果汁

de Saft

牛奶

de Melk

可乐

de Cola

红酒

de Wien

啤酒

dat Beer

酒

de Spriet

可可

de Kakao

茶

de Tee

咖啡

de Koffie

意式浓缩咖啡

de Espresso

卡布奇诺

de Cappucino

香蕉
de Banaan

苹果
de Appel

橙子
de Appelsien

西瓜
de Meloon

柠檬
de Zitroon

胡萝卜
de Wöttel

大蒜
de Knuuvlook

竹子
de Bambus

洋葱
de Zibbel

蘑菇
de Poggenstohl

坚果
de Nööt

面条
de Nudeln

意大利面条

de Spaghetti

米饭

de Ries

沙拉

de Salat

薯条

de Pommes frites

炸土豆

de Braadkantüffeln

披萨饼

de Pizza

汉堡包

de Hamborger

三明治

dat Sandwich

炸猪排

dat Snitzel

火腿

de Schinken

萨拉米

de Salami

香肠

de Wust

鸡肉

dat Hohn

烤肉

de Braden

鱼

de Fisch

燕麦片

de Haverflocken

穆兹利

dat Müsli

玉米片

de Cornflakes

面粉

dat Mehl

羊角面包

de Croissant

面包卷

dat Rundstück

面包

dat Broot

烤面包

dat Toast

饼干

de Keksen

黄油

de Botter

凝乳

de Quark

蛋糕

de Koken

蛋

dat Ei

煎蛋

dat Spegelei

奶酪

de Kees

冰激凌

de Ies

糖

de Zucker

蜂蜜

de Honnig

果酱

de Marmelaad

巧克力酱

de Nougat-Creme

咖喱饭

dat Curry

农舍
dat Buernhuus

粮仓
de Schüün

稻草捆
de Strohballen

马
dat Peerd

田野
dat Feld

拖车
de Hänger

拖拉机
de Trecker

马驹
dat Fahlen

驴
de Esel

羊
dat Schaap

羔羊
dat Lamm

山羊
de Zeeg

奶牛
de Koh

牛犊
dat Kalf

猪
dat Swien

小猪
dat Farken

公牛
de Bull

鹅

de Goos

鸭

de Aant

小鸡

dat Küken

母鸡

dat Hohn

公鸡

de Hahn

鼠

de Rott

猫

de Katt

老鼠

de Muus

牛

de Oss

狗

de Hund

狗屋

de Hunnenhütt

花园浇水软管

de Goornslauch

洒水壶

de Geetkann

长柄大镰刀

de Lee

犁

de Ploog

28　　　　　　　　农场 - de Buernhoff

镰刀

de Sich

锄头

de Hack

长柄草耙

de Mestfork

斧头

de Ext

独轮手推车

de Schuufkoor

饲料槽

de Trog

牛奶罐

de Melkkann

麻布袋

de Sack

栅栏

de Tuun

马厩

de Stall

温室

dat Drievhuus

土壤

de Bodden

种子

de Saat

肥料

de Dünger

联合收割机

de Meihdöscher

收割

oornen

收割

de Oorn

山药

de Yamswöttel

小麦

de Weten

大豆

dat Soja

土豆

de Kantüffel

玉米

de Törksche Weten

油菜籽

de Rapp

果树

de Aaftboom

树薯

de Troopsch Kantüffel

谷物

dat Koorn

烟囱
de Schosteen

屋顶
dat Dack

落水管
de Regenrönn

窗户
dat Finster

车库
de Garaasch

门铃
de Döörklock

门
de Döör

垃圾桶
de Müllemmer

信箱
de Breefkassen

花园
de Goorn

客厅
de Wahnstuuv

浴室
de Baadstuuv

厨房
de Köök

卧室
de Slaapstuuv

儿童房
de Kinnerstuuv

餐厅
de Eetstuuv

地板
de Footbodden

墙壁
de Wand

吊顶
de Deek

地窖
de Keller

桑拿
dat Hittluftbad

阳台
de Balkon

露台
de Terrass

游泳池
dat Swümmbad

割草机
de Rasenmeiher

被单
de Bettbetog

床罩
de Bettdeek

床
de Puuch

扫帚
de Bessen

水桶
de Emmer

开关
de Schalter

壁纸
de Tapeet

照片
dat Bild

台灯
de Lamp

搁架
dat Regal

橱柜
dat Schapp

壁炉
de Kamin

电视机
de Kiekkassen

花
de Bloom

垫子
dat Küssen

沙发
dat Sofa

花瓶
de Vaas

遥控器
de Feernbedenen

地毯
de Teppich

窗帘
de Vörhang

餐桌
de Disch

椅子
de Stohl

摇椅
de Schuckelstohl

扶手椅
de Sessel

书
dat Book

毯子
de Deek

装饰品
de Dekoratschoon

木柴
dat Füerholt

电影
de Film

高保真音响
de Stereoanlaag

钥匙
de Slötel

报纸
dat Narichtenblatt

油画
dat Gemälde

海报
dat Poster

收音机
dat Radio

笔记本
de Opschrievblock

吸尘器
de Huulbessen

仙人掌
de Kaktus

蜡烛
de Kars

冰箱
dat Köhlschapp

微波炉
de Mikrowell

厨房秤
de Kökenwaag

洗洁精
dat Reinmaakmiddel

烤面包机
de Toaster

冰柜
dat Gefreerfack

烤箱
de Backaven

垃圾桶
de Müllemmer

洗碗机
de Opwaschmaschien

炊具

de Heerd

锅

de Pott

铸铁锅

de Gussiesern Putt

炒锅

de Wok / Kadai

平底锅

de Pann

水壶

de Waterkaker

蒸锅

de Dampkaakputt

烤盘

dat Backblick

陶瓷锅

dat Geschirr

马克杯

de Beker

碗

de Schaal

筷子

de Eetsticken

长柄勺

de Suppenkell

铲子

de Pannenwenner

搅拌器

de Sneebessen

滤网

dat Kaakseef

筛子

dat Seef

磨碎机

de Riev

研钵

de Mörser

烧烤

de Grill

明火

de Füerstell

菜板
dat Sniedbrett

擀面杖
dat Nudelholt

开瓶器
de Proppentrecker

罐子
de Doos

开罐器
de Dosenaapner

隔热手套
de Pottlappen

水槽
dat Waschbecken

刷子
de Böst

海绵
de Swamm

搅拌机
de Mixer

冷藏箱
dat Iesschapp

奶瓶
de Nuckelbuddel

水龙头
de Waterhahn

供暖设备
de Heizung

淋浴
de Bruus

毛巾
dat Handdook

浴帘
de Bruusvörhang

泡沫浴
dat Schuumbad

浴缸
de Baadwann

玻璃杯
dat Glas

洗衣机
de Waschmaschien

水龙头
de Waterhahn

瓷砖
de Fliesen

便壶
de lütte Putt

水槽
dat Waschbecken

厕所
de Tante Meier

蹲便器
de Hockklo

坐浴器
dat Bidet

小便池
dat Miegbecken

厕纸
dat Klopapeer

马桶刷
de Kloböst

牙刷

de Tähnböst

牙膏

de Tähnpast

牙线

de Tähnsied

洗

waschen

手持式喷淋头

de Handbruus

冲洗器

de Intimbruus

洗脸盆

de Waschschöttel

擦背刷

de Rüchböst

肥皂

de Seep

沐浴露

dat Bruusgeel

洗发水

dat Hoorwaschmiddel

法兰绒

de Waschlappen

排水

de Afloop

乳霜

de Creme

除臭剂

dat Deodorant

镜子

de Spegel

手镜

de Kosmetikspegel

剃须刀

de Raserer

剃须泡沫

de Raseerschuum

须后水

dat Raseerwater

梳子

de Kamm

刷子

de Böst

吹风机

de Hoordröger

喷发定型剂

dat Hoorspray

化妆品

de Smink

唇膏

de Lippensticken

指甲油

de Nagellack

化妆棉

de Watt

指甲剪

de Nagelscheer

香水

dat Rüükwater

洗漱包

de Kulturbüdel

凳子

de Schemel

计重秤

de Waag

浴袍

de Baadmantel

橡胶手套

de Gummihanschen

卫生棉条

de Tampon

卫生巾

de Damenbinn

化学厕所

dat Chemieklo

闹钟
de Wecker

毛绒玩具
dat Knudeldeert

玩具车
dat Speeltüüchauto

拨浪鼓
de Klöter

玩具屋
dat Poppenhuus

礼物
dat Geschenk

气球
de Luftballon

床
de Puuch

（洋娃娃用）婴儿车
de Kinnerwagen

扑克牌
dat Koortenspeel

拼图
dat Puzzle

漫画
de Billergeschicht

乐高积木

de Legostenen

积木玩具

de Bustenen

玩具人

de Action-Figur

婴儿服

de Strampelantog

飞盘

de Frisbeeschiev

床铃玩具

dat Mobile

棋盘游戏

dat Brettspeel

骰子

de Wörpel

火车模型

de Modelliesenbahn

安抚奶嘴

de Snuller

聚会

de Party

绘本

dat Billerbook

球

de Ball

洋娃娃

de Popp

玩

spelen

沙坑

de Sandkassen

秋千

de Schuckel

玩具

dat Speeltüüch

游戏机

de Speelkonsool

三轮车

dat Dreerad

泰迪熊

de Teddyboor

衣柜

dat Klederschapp

衣服

dat Tüüch

袜子

de Socken

长袜

de Strümp

紧身裤

de Strumpbüx

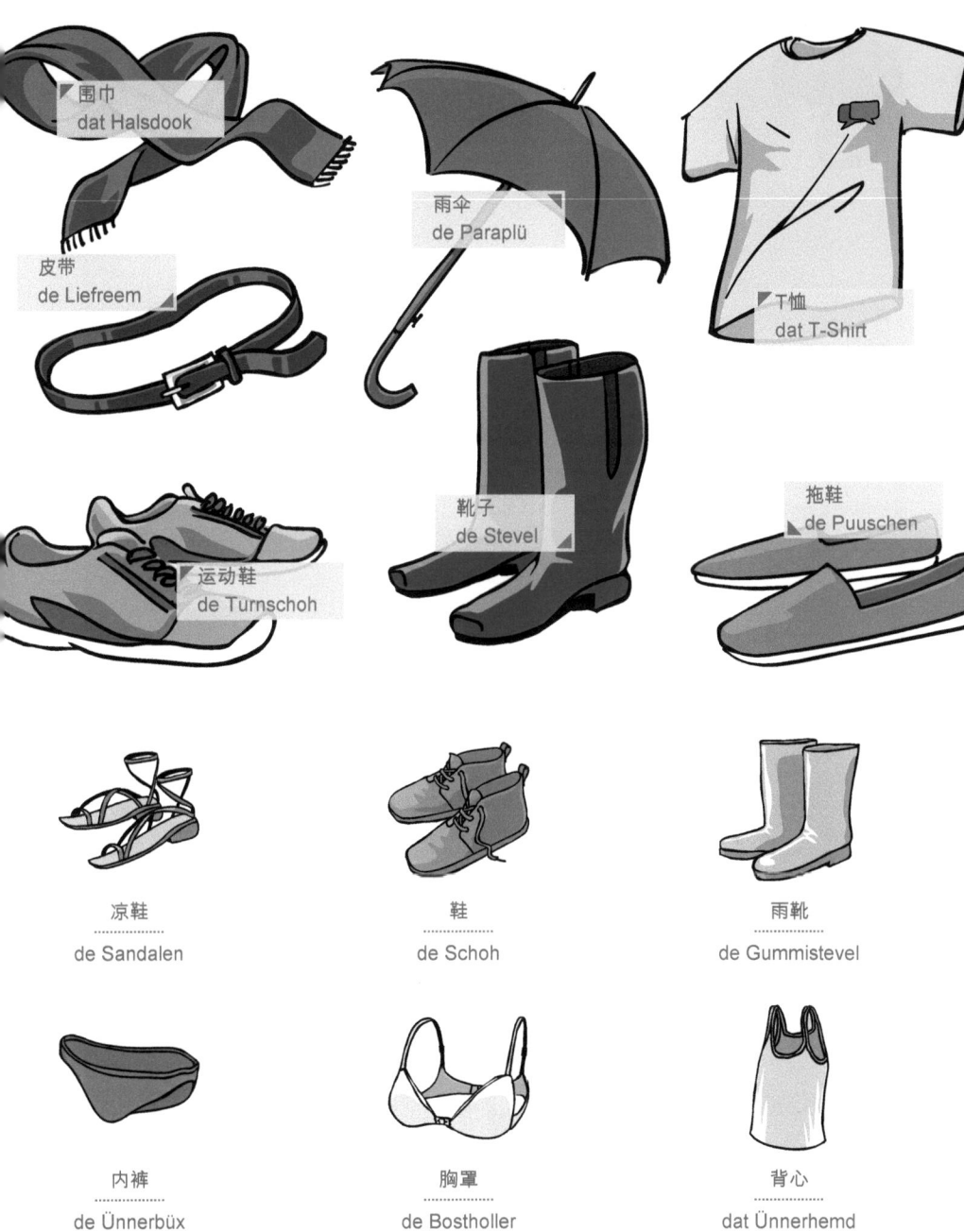

围巾
dat Halsdook

雨伞
de Paraplü

T恤
dat T-Shirt

皮带
de Liefreem

靴子
de Stevel

拖鞋
de Puuschen

运动鞋
de Turnschoh

凉鞋
de Sandalen

鞋
de Schoh

雨靴
de Gummistevel

内裤
de Ünnerbüx

胸罩
de Bostholler

背心
dat Ünnerhemd

衣服 - dat Tüüch

45

身体
de Lief

裤子
de Büx

牛仔裤
de Jeansnüx

短裙
de Rock

女式衬衫
de Bluus

衬衫
dat Hemd

套头衫
de Pullover

卫衣
de Kapuzenpullover

西装夹克
de Blazer

夹克
de Jack

外套
de Mantel

雨衣
de Övertrecker

套装
dat Kostüm

连衣裙
dat Kleed

婚纱
dat Hochtietskleed

西装

de Antog

睡袍

dat Nachtkleed

睡衣

de Slaapantog

莎丽

de Sari

头巾

dat Koppdook

包头巾

de Turban

波卡

de Burka

卡夫坦

de Kaftan

(阿拉伯式)长袍

de Abaya

泳衣

de Baadantog

男式泳裤

de Baadbüx

短裤

de Korte Büx

运动服

de Antog to'n Öven

围裙

de Schört

手套

de Handschoh

纽扣

de Knopp

眼镜

de Brill

手链

dat Armband

项链

de Halskeed

戒指

de Ring

耳环

de Ohrbummel

便帽

de Mütz

衣架

de Klederbögel

帽子

de Hoot

领带

de Binner

拉链

de Rietslüter

头盔

de Helm

背带

dat Drachtband

校服

de Schooluniform

制服

de Uniform

围兜
de Severböten

安抚奶嘴
de Snuller

尿不湿
de Winnel

办公室
dat Büro

服务器
de Server

文件柜
dat Aktenschapp

打印机
de Drucker

显示屏
de Bildschirm

纸
dat Papeer

鼠标
de Muus

办公桌
de Schrievdisch

文件夹
de Orner

键盘
dat Knoopboord

椅子
de Stohl

废纸篓
de Papeerkorf

电脑
de Computer

咖啡杯
de Koffiebeker

计算器
de Taschenreekner

因特网
dat Internet

笔记本电脑

de Klappreekner

信件

de Breef

消息

de Naricht

手机

de Ackersnacker

网络

dat Nettwark

复印机

de Kopeerapparat

软件

de Software

电话

de Klöönkassen

插座

de Steekdoos

传真机

de Faxapparat

表格

dat Formulor

文件

dat Dokument

买
köpen

付钱
betahlen

交易
hanneln

现金
dat Geld

美元
de Dollar

欧元
de Euro

日元
de Yen

卢布
de Ruvel

瑞士法郎
de Swiezer Franken

人民币
de Renminbi Yuan

卢比
de Rupie

提款处
de Geldautomat

外币兑换处
de Wesselstuuv

金
dat Gold

银
dat Sülver

石油
dat Ööl

能源
de Energie

价格
de Pries

合同
de Verdrag

税金
de Stüer

股票
de Andeelschien

工作
arbeiden

职员
de Anstellte

老板
de Arbeitgever

工厂
de Fabrik

商店
de Hökerie

de Profeschonen

警官
de Wachtmeester

消防员
de Füerwehrmann

厨师
de Kock

医生
de Dokter

飞行员
de Fleger

园丁

de Goorner

木匠

de Discher

裁缝

de Neihersche

法官

de Richter

化学家

de Chemiker

演员

de Schauspeler

公交车司机

de Busfohrer

出租车司机

de Taxifohrer

渔夫

de Fischer

清洁女工

de Reinmaakfru

屋顶工

de Dackdecker

服务员

de Kellner

猎人

de Jäger

画家

de Maler

面包师

de Bäcker

电工

de Elektriker

建筑工人

de Buarbeider

工程师

de Ingenieur

屠夫

de Slachter

水管工

de Klempner

邮递员

de Postbüdel

士兵

de Suldat

建筑师

de Architekt

收银员

de Kasserer

花农

de Florist

理发师

de Putzbüdel

售票员

de Schaffner

机械师

de Mechaniker

船长

de Kaptein

牙医

de Tähndokter

科学家

de Wetenschopler

拉比

de Rabbi

伊玛目

de Imam

和尚

de Mönk

牧师

de Paap

职业 - de Profeschonen

铁锤
de Hamer

钳子
de Tang

螺丝刀
de Schruvendreiher

扳手
de Schruvenslötel

手电筒
de Taschenlamp

挖掘机
de Grieper

工具箱
de Warktüüchkassen

梯子
de Ledder

锯子
de Saag

钉子
de Nagels

钻机
de Bohrer

修
heelmaken

铲子
de Schüffel

靠！
Schiet!

簸箕
dat Kehrblick

油漆桶
de Farvpott

螺丝
de Schruven

乐器
de Musikinstrumenten

扬声器
de Luutsnacker

打击乐器
dat Slagtüüch

吉他
de Rietfiedel

低音提琴
de Bass-Vigelien

小号
de Trumpeet

钢琴

dat Klaveer

小提琴

de Vigelien

贝斯

de Bass

定音鼓

de Pauk

鼓

de Trummeln

电子琴

dat Keyboard

萨克斯管

dat Saxophon

长笛

de Fleut

麦克风

dat Mikrofoon

老虎
de Tiger

入口
de Ingang

笼子
de Käfig

斑马
dat Zebra

动物饲料
dat Deertenfoder

熊猫
de Panda-Boor

动物
de Deerten

大象
de Elefant

袋鼠
dat Känguru

犀牛
dat Neeshoorn

大猩猩
de Gorilla

熊
de Boor

骆驼

dat Kameel

鸵鸟

de Struuß

狮子

de Lööv

猴子

de Aap

火烈鸟

de Flamingo

鹦鹉

de Papagoi

北极熊

de Iesboor

企鹅

de Pinguin

鲨鱼

de Haifisch

孔雀

de Pageluun

蛇

de Slang

鳄鱼

dat Krokodil

动物园管理员

de Oppasser in'n
Deertenpark

海豹

de Saalhund

美洲豹

de Jaguor

动物园 - de Deertenpark

矮种马

dat Pony

豹

de Leopard

河马

dat Nilpeerd

长颈鹿

de Giraff

老鹰

de Aadler

野猪

dat Wildswien

鱼

de Fisch

龟

de Schildkrööt

海象

dat Walross

狐狸

de Voss

羚羊

de Gazell

橄榄球
de Amerikaansch Football

骑自行车
dat Radfohren

网球
dat Tennis

篮球
de Korfball

游泳
dat Swümmen

拳击
dat Boxen

冰球
dat Ieshockey

英式足球
de Football

羽毛球
dat Fedderball

田径
de Leichtathletik

手球
de Handball

滑雪
dat Skilopen

马球
dat Polo

跳
springen

拥抱
ümarmen

笑
lachen

走路
gahn

唱
singen

祈祷
beden

亲吻
snuteln

做梦
drömen

书写
schrieven

画
teken

展示
wiesen

推
drücken

给
geven

拿
nehmen

有
hebben

做
doon

当
sien

站
stahn

跑
lopen

拉
trecken

扔
smieten

摔倒
fallen

躺
liggen

等待
töven

携带
dregen

坐
sitten

穿衣
antrecken

睡觉
slapen

醒来
opwaken

看

ankieken

哭

wenen

抚摸

eien

梳头

kämmen

交谈

snacken

明白

verstahn

问

fragen

听

hören

喝

drinken

吃

eten

清理

oprümen

爱

leefhebben

做饭

kaken

开车

fohren

飞

flegen

航行

segeln

计算

reken

读

lesen

学习

lehren

工作

arbeiden

结婚

de Plünnen tohoopsmieten

缝

neihen

刷牙

Tähnen putzen

杀

dootmaken

抽烟

smöken

寄

schicken

祖母
de Grootmoder

祖父
de Grootvadder

父亲
de Vadder

母亲
de Moder

婴童
lat Winnelkind

女儿
de Dochter

儿子
de Söhn

客人
de Gast

阿姨
de Tant

叔叔
de Unkel

兄弟
de Broder

姐妹
de Süster

前额
de Vörkopp

眼睛
dat Oog

肩膀
de Schuller

手指
de Finger

脸
dat Gesicht

下巴
dat Kinn

手
de Hand

乳房
de Bost

腿
dat Been

手臂
de Arm

婴童
dat Winnelkind

男人
de Mann

女人
de Fro

女孩
de Deern

男孩
de Jung

头
de Arm

背部

de Rüch

肚子

de Buuk

肚脐

de Navel

脚趾

de Teh

脚后跟

de Hack

骨头

de Knaken

臀部

de Hüft

膝盖

dat Knee

手肘

de Ellbagen

鼻子

de Nees

屁股

de Achtersen

皮肤

de Huut

脸颊

de Back

耳朵

dat Ohr

嘴唇

de Lipp

嘴

de Mund

牙齿

de Tähn

舌头

de Tung

脑

de Bregen

心脏

dat Hart

肌肉

de Muskel

肺

de Lung

肝脏

de Lever

胃

de Maag

肾脏

de Neren

性交

de Bislaap

避孕套

dat Kondoom

卵子

de Eizell

精子

dat Sperma

怀孕

de Anner Ümstänn

月经

de Menstruatschoon

阴道

de Scheed

阴茎

de Pint

眉毛

de Ogenbroe

头发

dat Hoor

脖子

de Hals

身体 - de Lief

医院
dat Krankenhuus

救护车
de Krankenwagen

轮椅
de Rullstohl

骨折
de Bruch

医生
de Dokter

急诊室
de Nootopnahm

护士
de Krankensüster

紧急情况
de Nootfall

昏迷
ahnmächtig

痛
de Wehdaag

受伤

de Verwunnen

出血

de Blöden

心脏病发作

de Hartinfarkt

中风

de Slaganfall

过敏

de Allergie

咳嗽

de Hoosten

发烧

dat Fever

流感

de Gripp

腹泻

de Dörchfall

头痛

de Koppwehdaag

癌症

de Kreeft

糖尿病

de Zuckersüük

外科医生

de Chirurg

手术刀

dat Chirurgsch Mess

手术

de Operatschoon

CT

dat CT

X光

de Dörchlüchten

超声波

de Ultraschall

口罩

de Mask

疾病

de Krankheit

候诊室

de Töövruum

拐杖

de Krück

石膏

dat Plaaster

绷带

de Verband

注射

de Insprütten

听诊器

dat Stethoskop

担架

de Draag

体温计

dat Feverthermometer

出生

de Geboort

超重

dat Övergewicht

助听器

de Höörapparat

消毒液

dat Kiemfriemiddel

感染

de Ansteken

病毒

de Virus

艾滋病

dat HIV / AIDS

药物

dat Heelmiddel

接种疫苗

de Impen

药片

de Tabletten

药丸

de Pill

急救电话

de Nootroop

血压计

de Blootdruck-Meter

生病/健康

krank / gesund

救命！

Hölp!

警报

de Alarm

突击

de Överfall

攻击

de Angreep

危险

de Gefohr

紧急出口

de Nootutgang

着火啦！

dat Füer!

灭火器

de Füerlöscher

意外

de Unfall

急救箱

de Noothölpkoffer

呼救信号

SOS

警察

de Polizei

欧洲

Europa

北美洲

Noordamerika

南美洲

Süüdamerika

非洲

Afrika

亚洲

Asien

澳洲

Australien

大西洋

de Atlantik

太平洋

de Pazifik

印度洋

dat Indisch Weltmeer

南冰洋

dat Antarktisch Weltmeer

北冰洋

dat Arktisch Weltmeer

北极

de Noordpol

南极

de Süüdpol

南极洲

de Antarktis

地球

de Eerd

陆地

dat Land

海

de See

岛

dat Eiland

国家

de Natschoon

国家

de Staat

钟面

dat Tallenblatt

时针

de Stunnenwieser

分针

de Minutenwieser

秒针

de Sekunnenwieser

现在几点？

Wo laat is dat?

天

de Dag

时间

de Tiet

现在

nu

屯子表

de digetaalsch Klock

分

de Minuut

时

de Stunn

周

de Week

周一
de Maandag

周三
de Middeweek

周五
de Friedag

周二
de Dingsdag

周六
de Sünnavend

周四
de Dunnersdag

周日
de Sünndag

昨天

güstern

今天

hüüt

明天

morgen

早晨

de Morgen

中午

de Meddag

晚上

de Avend

工作日

de Arbeitsdaag

周末

dat Wekenenn

雨
de Regen

彩虹
▶ de Regenbagen

风
de Wind

雪
de Snee

春
dat Fröhjohr

秋
de Harvst

夏
de Sommer

冬
de Winter

天气预报

de Wedervörhersaag

温度计

dat Thermometer

阳光

de Sünnenschien

云

de Wulk

雾

de Nevel

潮湿

de Luftfuchtigkeit

闪电

de Blitz

打雷

de Dunner

风暴

de Storm

冰雹

de Hagel

季风

de Monsun

洪水

de Floot

冰

dat Ies

一月

de Januormaand

二月

de Februormaand

三月

de Martmaand

四月

de Aprilmaand

五月

de Maimaand

六月

de Junimaand

七月

de Julimaand

八月

de Augustmaand

九月

de Septembermaand

十月

de Oktobermaand

十一月

de Novembermaand

十二月

de Dezembermaand

形状
de Formen

圆形

de Krink

正方形

dat Quadrat

长方形

dat Rechteck

三角形

dat Dreeeck

球体

de Kugel

立方体

de Wörpel

白
witt

黄
geel

橙
orangsch

粉
pink

红
root

紫
lila

蓝
blau

绿
gröön

棕
bruun

灰
gries

黑
swart

很多/少许

veel / wenig

生气/平静

böös / verdreeglich

美/丑

smuck / mies

首/尾

de Begünn / dat Enn

大/小

groot / lütt

明/暗

hell / düüster

兄弟/姐妹

de Broder / de Süster

干净/肮脏

schier / schietig

完整/缺失

kumpleet / nich kumpleet

白天/晚上

de Dag / de Nacht

死/生

doot / lebennig

宽/窄

breet / small

可食用/非食用

geneetbor / nich geneetbor

邪恶/善良

böös / fründlich

兴奋/无聊

fickerig / langwielt

胖/瘦

dick / dünn

第一/最后

toeerst / toletzt

朋友/敌人

de Fründ / de Fiend

满/空

vull / leddig

硬/软

hart / week

重/轻

swoor / licht

饿/渴

de Smacht / de Döst

生病/健康

krank / gesund

非法/合法

nich na't Recht / na't Recht

聪明/愚笨

klook / dummerhaftig

左/右

linkerhand / rechterhand

近/远

neeg / feern

新/旧

nieg / bruukt

没有/有些

nix / wat

老/幼

oolt / jung

开/关

an / ut

打开/合上

apen / slaten

安静/吵闹

lies / luut

富/穷

riek / arm

对/错

richtig / verkehrt

粗糙/光滑

ruug / glatt

伤心/高兴

trurig / glücklich

短/长

kort / lang

慢/快

suutje / flink

湿/干

natt / dröög

温暖/凉爽

warm / köhl

战争/和平

de Krieg / de Freden

0

零

null

1

一

een

2

二

twee

3

三

dree

4

四

veer

5

五

fief

6

六

söss

7

七

söven

8

八

acht

9

九

negen

10

十

teihn

11

十一

ölven

12
十二
twölf

13
十三
dörteihn

14
十四
veerteihn

15
十五
föffteihn

16
十六
sössteihn

17
十七
söventeihn

18
十八
achtteihn

19
十九
negenteihn

20
二十
twintig

100
百
hunnert

1.000
千
dusend

1.000.000
百万
million

de Spraken

英语
....
dat Engelsch

美式英语
....
dat Amerikaansch Engelsch

普通话
....
dat Chineesch Mandarin

印地语
....
dat Hindi

西班牙语
....
dat Spaansch

法语
....
dat Franzöösch

阿拉伯语
....
dat Araabsch

俄语
....
dat Rusch

葡萄牙语
....
dat Portugiesch

孟加拉语
....
dat Bengaalsch

德语
....
dat Düütsch

日语
....
dat Japaansch

我

ik

你

du

他/她/它

he / se / dat

我们

wi

你们

ji

他们

se

谁？

keen?

什么？

wat?

怎样？

woans?

哪里？

woneem?

什么时候？

wannehr?

名字

de Naam

后面

achter

里面

in

前面

vör

上方

över

上面

op

下面

ünner

旁边

blangen

中间

twüschen

地点

de Oort